AF259785

LE
SOCIALISME DÉVOILÉ

SIMPLE DISCOURS

PAR

CHARLES GOURAUD

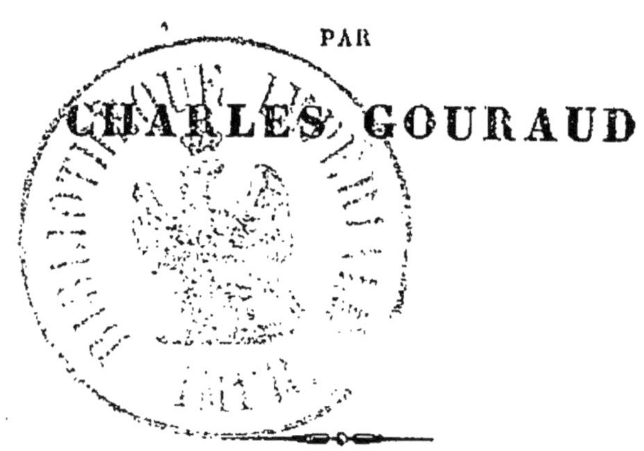

PARIS

AUGUSTE DURAND

5, RUE DES GRÈS

ET CHEZ TOUS LES LIBRAIRES

1849

DE L'IMPRIMERIE DE CRAPELET,
RUE DE VAUGIRARD, 9

LE
SOCIALISME DÉVOILÉ.

SIMPLE DISCOURS.

I.

Son nom même est un mensonge.

Quelle idée, en effet, réveille ce nom dans vos esprits?

N'est-ce pas l'idée d'une doctrine vouée au maintien des principes universels qui servent de fondement aux sociétés humaines, la croyance en Dieu, le culte de la famille, le respect de la propriété? N'est-ce point encore l'idée d'une doctrine appliquée tout entière à la défense de la liberté, au maintien de l'égalité, à la multiplication du travail, à la bonne économie des deniers publics, à l'éducation morale et intellectuelle de tous les citoyens, à l'amélioration du sort du pauvre, au développement enfin et à l'organisation de la charité? Ne sont-ce point là toutes les idées élevées, fécondes, généreuses, touchantes, qu'éveille en vos âmes, à ne vous arrêter qu'au sens précis du mot, ce beau nom de Socialisme?

Ouvrez maintenant les livres de la secte et regardez à la conduite de ses agents.

Que disent les uns et à quoi ne cessent de travailler les autres?

Les livres disent, je cite, qu'imaginer au prix de telles paroles :

Le premier devoir de l'homme intelligent et libre est de chasser incessamment l'idée de Dieu, de son esprit et de sa conscience; car Dieu, s'il existe, est essentiellement hostile à notre nature, et nous ne relevons aucunement de son autorité... Dieu c'est sottise et lâcheté, c'est tyrannie et misère, Dieu c'est le mal.... Dieu, retire-toi. (Proudhon, *Système des contradictions économiques.*)

Et dans quel but la malheureuse créature en délire, qui s'emporte à de pareils blasphèmes, ose-t-elle les proférer? Dans quel intérêt M. Proudhon poursuit-il jusque dans les derniers replis de la conscience du pauvre, la suprême idée de consolation et d'espérance que le malheur lui ait laissée? Au profit de qui ce pauvre homme fait-il la guerre à Dieu? Au profit de lui-même. Je cite encore, il ne faut rien ôter à l'étonnement des textes :

Je veux changer la base de la société, déplacer l'axe de la civilisation, faire que le monde qui, sous l'impulsion de la volonté divine, a tourné jusqu'à ce jour d'Occident en Orient, mû désormais par la volonté de l'homme, tourne d'Orient en Occident..... Je sais que si les obstacles sont grands, mes moyens sont plus puissants encore... J'ai pris mon point d'appui sur le néant et j'ai pour levier une idée. C'est avec cela que le travailleur divin créa le monde de la nature, c'est avec cela que L'HOMME, L'ÉTERNEL RIVAL DE DIEU, *doit créer le monde de l'industrie et de l'art.* (Proudhon, *Démonstration du Socialisme.*)

Telle est la religion dans les livres socialistes. Le nom de Dieu même n'y est qu'un objet d'insulte; son existence, qu'un sujet de raillerie, et un homme, c'est-à-dire un imperceptible atome mêlé d'un peu de boue et d'un peu d'esprit, perdu sur un globe tournant, perdu à son tour lui-même dans l'immensité des cieux, s'attribue la divine puissance de faire que ce qui n'était pas soit, et que ce qui est ne soit plus. Il n'a, dit-il, qu'un mot à faire entendre, aussitôt tout entrera en confusion, le fondement même des choses sera renversé, et du même coup, on verra à la fois toutes les lumières s'éteindre, celles qui brillent dans les cieux comme celles qui éclairent la raison et qui échauffent le cœur de l'homme.

Quand la religion elle-même est traitée de cette manière par une secte, qu'attendre de ce que cette secte peut penser et dire des autres principes proclamés par l'universalité des hommes?

Après nous avoir retiré la croyance en Dieu,

les socialistes nous ôtent toute croyance aux sentiments qui font le lien de la famille. Après avoir nié l'existence de Dieu, ils battent en ruine l'institution du mariage, et ils proposent de la remplacer par le concubinage et la pluralité des femmes; voici le texte:

« *La polygamie* (pluralité des femmes) *ou* « CUMUL D'AMOURS... *est le plus précieux germe* « *d'union familiale.*» (*La Phalange*, journal socialiste; février 1849.)

Je n'ajoute rien à ce texte. Vous tous qui avez une mère, une femme, une sœur ou une fille, dans quelque condition qu'il ait plu à la Providence de vous faire naître, lisez et jugez.

Venons au principe de propriété. Cette propriété, si petite qu'elle puisse être, quand ce ne serait que la propriété du lit où votre mère est morte, cette propriété, fruit légitime de votre travail, ou du travail de votre père, et que vous vous réservez de transmettre à votre enfant comme un gage de l'impérissable tendresse qui vous fit si souvent supporter la vie pour lui, qu'est-elle, au sentiment du Socialisme? UN VOL :

« LA PROPRIÉTÉ, C'EST LE VOL! LA PROPRIÉTÉ « EST INFAME! »

Qui a dit cela? Rassurez-vous : l'homme qui vous outrage à plaisir ainsi jusque dans vos plus chastes et vos plus profonds sentiments de fils, de mari et de père, c'est ce même homme qui tout à l'heure, en proie à un délire horrible, montrait le poing au ciel et criait : Dieu, retire toi. Avez-vous la prétention d'être mieux traité par un socialiste que votre créateur lui-même?

Ainsi, Dieu, la famille, la propriété, ces trois religions des sociétés humaines les plus barbares elles-mêmes, s'éteignent dans le Socialisme. Il n'y a pas de Dieu, voilà le premier axiome de la doctrine ; le concubinage est plus conforme que le mariage à la nature et à la morale, voilà le second ; la propriété, c'est le vol, voilà le troisième.

II.

Voyons maintenant ce que va faire ce système des autres grands objets de croyance qui ont formé jusqu'à présent le symbole social de toutes les nations de la terre, la liberté, l'égalité, et ces différents principes de sage économie publique dont l'application constitue la vraie fraternité.

Tous les socialistes parlent de la liberté : tous leurs livres, tous leurs journaux, tous leurs discours sont un hymne à sa louange ; mais dans l'action comment la pratiquent-ils?

Entre mille exemples, j'en citerai un qui parlera de lui-même :

Au 15 mai, les chefs des principaux clubs

socialistes se sont crus un moment les maîtres de Paris et bientôt de la France; ils rédigèrent aussitôt des décrets constitutifs de leur autorité; voici deux lignes du premier de ces décrets :

Il est constitué un comité de salut public... INVESTI DE POUVOIRS ILLIMITÉS.

Et quels devaient être les premiers actes du comité?

La dissolution de l'Assemblée nationale, élue par le suffrage universel ;

La création de comités municipaux exclusivement composés *de patriotes connus;*

La dissolution de la Garde nationale et de l'Armée, et leur *désarmement* opéré par *les patriotes connus;*

L'institution de Commissaires extraordinaires ;

Un *impôt forcé* prélevé par *les patriotes connus,* exerçant des *perquisitions à domicile,* et jusqu'à concurrence de la moitié du revenu ;

Enfin, l'ordre enjoint à tous les comités municipaux de faire reconnaître, dans le plus bref délai, par chaque commune, la *souveraineté absolue* du comité de salut public.

(ASSISES DE BOURGES, audience du 7 mars 1849. *Dossier des pièces saisies chez Sobrier, à l'Hôtel de Ville, etc.*)

En deux mots, s'ils eussent vaincu, ils écrasaient d'abord la liberté, sous le despotisme et la terreur.

Passons à l'égalité. Il est grandement question de l'égalité aussi dans les livres, les journaux et les discours du Socialisme, mais de laquelle? Est-ce de l'égalité devant la loi, telle que depuis 1789 elle est écrite dans nos institutions et établie dans nos mœurs? Est-ce de l'égalité de tous les citoyens devant le tribunal de l'estime publique quelle que soit leur fortune et quelle que soit leur naissance? Est-ce de cette égalité enfin, au-dessus du niveau de laquelle nous peuvent tous élever seuls, le travail, le mérite, une longue vie consacrée au service de l'État, de grands talents ou de grandes vertus? Il ne s'agit de rien de tout cela dans le Socialisme; il ne s'agit que de *l'égalité des salaires*. (Louis Blanc, *Organisation du travail* et *Discours prononcés au Luxembourg.*)

Voici l'esprit de cette égalité singulière : Vous êtes un ouvrier habile et laborieux, vous travaillez de l'aurore à la nuit; vous faites dix fois plus et vingt fois mieux que Pierre, Paul ou Jacques; l'égalité socialiste demande que Jacques, Pierre et Paul soient aussi bien rémunérés que vous. Mais alors, allez-vous dire, à quoi me servira de travailler moi-même? serai-je donc obligé de nourrir tous les oisifs de l'État? Si Pierre, Paul et Jacques, en vertu de cette égalité surprenante, gagnent autant à ne rien faire que moi à travailler tout le jour, pourquoi n'imiterai-je pas Jacques, Paul et Pierre? Ont-ils plus de droit que moi à vivre sans travailler? Et chacun de proche en proche faisant le même raisonnement, personne bientôt dans toute l'étendue du pays ne travaillera plus. Plus de travail, partant plus de production; plus de production, partant plus de vente; les sources de la consommation se tarissent, s'épuisent, finissent par ne plus couler : nous voilà tous égaux dans la paresse, la misère et la famine.

III.

Restent enfin tous ces grands principes d'administration publique, dont l'application, comme je le disais tout à l'heure, est l'âme même de la fraternité, c'est-à-dire la multiplication du travail, la bonne administration des finances, l'éducation de tous les enfants de la patrie, l'amélioration de la condition du pauvre, le soulagement de la misère : toute société bien organisée se dévoue de toutes ses forces, j'allais dire de tout son cœur, à la réalisation de ces principes ; qu'en fait le Socialisme? Il les corrompt et les éteint.

Je parcours rapidement chacun d'eux, et, d'un trait, je montre comment, depuis un an, dans ses écrits et dans ses actes, la secte socialiste les a entendus et pratiqués.

Un des plus fameux docteurs de cette secte avait promis, il vous en souvient, *d'organiser le travail*. Qu'est-ce que cela signifiait? On ne savait : il avait publié un livre, où soi-disant cela a été expliqué. Les hommes les plus expérimentés et les plus instruits avaient déclaré, lecture faite, qu'ils ne comprenaient pas le premier mot de ce livre. Les événements mirent l'auteur à l'œuvre. M. Louis Blanc s'installa au Luxembourg; il y régna trois mois. Que vit-on sortir de son administration? la création forcée des ateliers nationaux. Et des ateliers nationaux? les journées de Juin. Et des journées de Juin? le chômage absolu, et pendant plus de six semaines absolument irréparable, de deux cent mille pères de famille. Voilà comment les socialistes ont trouvé le secret de multiplier le travail.

Ils se vantaient de même de posséder en finances des connaissances extraordinaires, inconnues à tous leurs devanciers. On les a envoyés à l'Assemblée nationale; une fois là, on les a pressés de monter à la tribune. Au nom de la misère publique, leur œuvre, on les a adjurés de divulguer les secrets qu'ils se vantaient de posséder. L'un d'eux, qu'on disait le plus savant, M. Proudhon, ce même M. Proudhon qui veut supprimer Dieu, un jour enfin a ouvert la bouche; qu'a-t-il proposé? de réduire toutes les dettes de quelque nature qu'elles pussent être, d'un tiers, et de partager ce tiers en deux sixièmes, dont l'un entrerait dans le trésor de l'État, et l'autre profiterait au débiteur : en sorte que, si vous aviez prêté par contrat, billet, etc., quatre-vingt-dix francs, par exemple, à Pierre ou à Jacques, votre créance aurait été réduite à soixante francs, et les trente autres francs auraient été à votre détriment, divisés en deux moitiés, dont l'une aurait appartenu à Pierre, et l'autre prélevée par le percepteur. M. Proudhon, en outre, proposait d'appeler tous les débiteurs à dénoncer leurs créanciers, afin qu'aucune créance n'échappât au vol immense qu'il prétendait organiser. L'Assemblée nationale, dans sa séance du lundi 31 juillet 1848, après avoir entendu cette proposition, rendit, à l'unanimité moins une voix, la voix du citoyen Greppo, le décret que voici :

« *L'Assemblée nationale, considérant que* LA PROPOSITION DU CITOYEN PROUDHON EST UNE ATTEINTE ODIEUSE AUX PRINCIPES DE LA MORALE PUBLIQUE, *qu'elle est une violation flagrante du droit de propriété, base de l'ordre social, qu'elle encourage la délation et fait appel aux plus mauvaises passions; considérant, en outre, que l'auteur a calomnié la Révolution de Février, en voulant la rendre complice des théories qu'il est venu développer à la tribune, passe à l'ordre du jour.* »

Ils parlaient encore de principes merveilleux, d'eux seuls connus, pour l'éducation intellectuelle et morale des enfants. Quels étaient ces principes? que Dieu est un mot, la propriété un vol, et la famille un mensonge.

Enfin il ne devait plus y avoir ni chômage, ni misère, à la façon dont ils avaient compris le travail et la charité. Quelle intelligence supérieure en avaient-ils donc? On les somma de le dire. Ils déclarèrent alors que le remède à tous nos maux était dans la double déclaration du *Droit au Travail* et du *Droit à l'Assistance*. Mais à quoi servira d'avoir inscrit le mot de *Droit au Travail* dans une constitution, quand l'État, comme cela lui arrive si souvent, se trouvera, faute d'argent, dans l'impossibilité d'entreprendre aucuns travaux? Quant à l'idée de faire de l'Assistance un droit, cela confondit d'abord tout le monde. Comment! leur dit-on, mais si vous déclarez que tout citoyen a droit d'être assisté par l'État soit en travail, soit autrement, lorsque l'État ne pourra pas même faire exécuter de travaux, faute d'argent, comment s'y prendra-t-il pour faire la charité à tous ceux qui la lui demanderont? L'État trouvera-t-il des capitaux pour payer les citoyens à ne rien faire dans le temps même où il n'en pourra trouver pour les payer à travailler? Ensuite, n'est-il pas évident, que du jour où l'Assistance sera de droit public, tous les paresseux et tous les débauchés voudront être nourris par la nation? La mendicité, grâce à ce système, deviendra une profession légale et même une institution d'État, reconnue, garantie et protégée par le gouvernement.

Ainsi travail, finances, éducation, bien-être, tout ce qu'ils se vantaient d'organiser mieux que tout le monde, dans leurs écrits, dans leurs projets, dans leurs actes, ils ne se sont appliqués qu'à en corrompre les notions, à en attaquer les principes, à en entraver de toutes leurs forces la restauration ou le développement. Poursuivant jusqu'au bout, avec une effrayante persévérance, l'œuvre de subversion de tous les fondements sociaux qu'ils semblaient s'être donné la tâche de détruire, ils ne se sont arrêtés ni devant le chômage, ni devant la ruine, ni devant la misère universelle; ils ne se sont pas même arrêtés devant la rivière de sang qui, durant trois journées, a coulé pour eux, pour eux seuls, dans Paris désespéré.

J'avais donc raison de dire, tout en commençant cette explication du Socialisme :

« Son nom même est un mensonge. »

IV.

Cette doctrine, en effet, est précisément contraire à toute idée sociale : elle nie Dieu, la famille et la propriété; la seule égalité qu'elle connaisse, est l'égalité dans la misère; elle ne vise qu'à étouffer la liberté; en finances, elle ne reconnaît pour principes que des expédients déclarés par l'Assemblée nationale tout entière, au nom de la conscience publique, attentatoires à la morale et au bon sens de tous les peuples; ses idées sur la manière d'organiser le travail, mises trois mois en pratique, n'ont conduit qu'à un chômage effrayant, qui a conduit lui-même à une épouvantable guerre civile, et celle-ci à une misère sans fond; enfin, la sublime notion de charité elle-même est corrompue par cette doctrine : la charité socialiste n'est que le droit de tout citoyen à l'oisiveté et à la débauche, sous la protection et avec l'assistance du gouvernement.

Pour épuiser cet ordre de raisonnements, j'y joindrai une dernière considération qui servira elle-même à le conclure.

Quand je dis que la secte socialiste ment, jusque dans le nom même qu'elle usurpe, puisque ce nom est plein de l'esprit de tous les principes sociaux, et qu'il n'est pas un seul de ces principes qu'elle ne tente ou de corrompre ou de détruire, quand je dis que cette secte est aussi antisociale, c'est-à-dire aussi ennemie de la société, que le titre dont elle se pare y semble favorable, je ne dis point seulement, en m'exprimant ainsi, qu'elle soit en opposition avec notre société française telle qu'elle est actuellement organisée, mais généralement avec toute société possible.

Cela a à peine besoin d'être expliqué, mais en tout cas, le peut être fort aisément.

Les sociétés particulières qui se succèdent dans l'histoire et qui sont répandues sur toute la surface du globe, ne sont que des formes particulières, périssables et plus ou moins parfaites, d'une société, ou si vous voulez, d'une sorte de fonds commun de principes sociaux, qui sont les mêmes, en tous les temps et en tous les lieux. Ces principes sont ceux que j'ai énumérés en commençant : la religion, la famille, la propriété, l'égalité, la liberté, etc. Toute société, quelle qu'elle soit, est assise sur un ou deux au moins de ces principes. Plus les sociétés sont parfaites, plus le nombre des principes sociaux qui leur servent de fondement augmente. Par exemple, dans une société qui commence, le principe de la croyance en Dieu est souvent le seul ressort de l'État. Tout dans cette société est rapporté et immolé à Dieu ou à son représentant visible qui sera, soit un prêtre, soit un empereur, soit un chef quelconque ; famille, propriété, égalité, liberté, etc., tout alors est écrasé par cet unique principe. Ainsi ont été longtemps les malheureuses sociétés de l'Orient ; ainsi est encore en grande partie sous nos yeux, la société russe. Dans une société plus parfaite, un principe social de plus fait partie de la constitution. A côté du principe du gouvernement absolu de Dieu, vous trouverez par exemple des stipulations particulières pour les droits de la famille. Élevez-vous d'un degré encore dans cette échelle du développement historique des peuples, vous verrez le principe de propriété s'inscrire à côté du principe de la famille et du principe de l'autorité divine. Maintenant, plus le peuple lui-même, qui a conquis la reconnaissance de ces différents droits, s'éclaire et se civilise, plus il acquiert aussi une intelligence distincte et bientôt une possession complète de chacun d'eux. Une société obéit à une constitution qui la soumet à une monarchie de délégation divine, sous la réserve et la garantie des droits de famille et de propriété : plus cette société se perfectionne, plus la connaissance de ses droits devient chez elle populaire et profonde, et plus aussi, les idées menant aux faits, leur usage s'accroît et se développe. Enfin, et pour nous transporter d'un coup au dernier degré de la civilisation, la société la plus parfaite est celle chez laquelle le fonds commun des principes sociaux est le plus complétement et le plus richement mis en œuvre, celle où tous ces principes sans exception, principes de religion, de famille, de propriété, d'égalité, de liberté, de charité, etc., trouvent leur expansion la plus entière et leur harmonie la plus savante. Le corps entier de l'histoire, d'accord avec ce que le simple bon sens suggère, confirme ce que je dis là.

Eh bien ! maintenant considérez à l'œuvre la secte socialiste.

A quoi s'efforce-t-elle? au rebours de la civilisation, de l'histoire, du dessein commun, unanimement poursuivi par tous les peuples de la terre, elle restreint, elle comprime, elle étouffe autant qu'il est en elle, le développement de chacun des différents principes sociaux et de leur ensemble. Tandis que toutes les nations du monde aspirent à se faire une religion plus éclairée et plus pure, elle met la main sur le principe de toute religion, Dieu lui-même, et s'écrie par la voix du plus forcené de ses séides : DIEU, RETIRE-TOI ; tandis que toutes les sociétés s'appliquent à retremper dans le culte des vertus du foyer domestique, les vertus mêmes du citoyen, la secte socialiste proclame L'EXCELLENCE DU CONCUBINAGE ; tandis que tous les gouvernements les mieux policés s'étudient à entourer la conservation et la transmission de la propriété domestique, récompense souvent des sueurs de plusieurs vies, de toutes les garanties et de tous les respects imaginables, les socialistes crient : LA PROPRIÉTÉ EST UN VOL ! LA PROPRIÉTÉ EST INFAME ! Et ainsi, de la liberté que cette secte supprime, de l'égalité qu'elle avilit, des sources du travail qu'elle épuise, des finances qu'elle ruine, de l'esprit public qu'elle empoisonne, de la misère qu'elle répand, de la charité dont elle fait un je ne sais quoi de stupide et de honteux.

Ainsi ce n'est pas seulement à notre société, c'est à toute société, parlons-en mieux et écartons entièrement le voile, c'est au principe même de société que la secte socialiste a déclaré la guerre. En sorte que ce n'est que par le plus odieux renversement de langage, la contre-vérité la plus absolue, qu'elle a pris le nom sous lequel elle s'est rendue si déplorablement fameuse.

Je cherche un autre nom qui aille à cette doctrine : je n'en puis trouver qu'un, barbare et violent comme elle, qui en exprime pleinement l'esprit ; qu'on me permette de le hasarder, c'est *la doctrine de la* DÉSOCIALISATION.

V.

Je pense que tout ce que j'ai dit jusque-là, appuyé des textes et documents authentiques de toute nature que j'ai produits, a mis en pleine lumière la vérité de cette conclusion, et que chacun voit bien clairement à présent, qu'il n'y a rien de plus antisocial que ce soi-disant Socialisme qui a fait tant de bruit, nous a causé tant de maux et nous coûte si cher depuis un an. Mais je passerai plus avant encore et je ne quitterai pas cette explication du Socialisme que je ne l'aie portée à un degré tel de conviction et de clarté, que les personnes les moins familières elles-mêmes avec les raisonnements de philosophie et de politique, ne puissent conserver, après avoir lu ce petit écrit, aucune illusion sur les vrais desseins de la secte socialiste.

On pourrait penser qu'en me bornant à l'exposition des seules maximes de cette secte et à faire voir l'extrémité des conséquences où naturellement elles conduisent, j'ai abusé contre elles de l'inflexible rigueur du raisonnement; on pourrait croire que les conclusions abominables, étranges, que j'ai, sans les presser d'ailleurs beaucoup, tirées des principes socialistes, ou n'en sortent pas aussi fatalement que je l'ai démontré, ou du moins, et dans tous les cas, ne sont pas acceptées par les auteurs et les partisans de la doctrine. Que les personnes qui ont pu concevoir cette opinion se détrompent. Elles ne connaissent l'esprit ni du système ni de la secte.

Les socialistes, comme tous les sectaires qui se sont succédé dans l'histoire, ont le courage des conséquences où aboutissent leurs principes, et nous n'avons fait que les prendre eux-mêmes pour guides, en arrivant

aux conclusions extrêmes devant lesquelles
tout à l'heure nous reculions ensemble.

Oui, c'est bien à la *désocialisation*, qu'on
me permette de répéter le mot, c'est-à-dire
à la ruine du principe de société parmi les
hommes, et pour y parvenir, à l'extinction de
toutes les croyances qui servent de lien, dans
l'espace ou dans le temps, matériellement
ou moralement, aux créatures humaines
entre elles, que l'étrange doctrine a le courage
de marcher et la prétention de parvenir. Que
ses apôtres nous en servent eux-mêmes de
témoins.

On ne détruit pas pour la seule satisfaction
et dans le seul but de détruire. Les destruc-
teurs les plus violents et les plus aveugles eux-
mêmes ne travaillent au renversement des
institutions qu'ils attaquent, que pour en
élever de différentes. Ainsi font les socialistes. Ils conjurent la ruine du principe de
société en l'attaquant à la fois dans toutes les
croyances dont il sort et qui en sont l'appui,
croyance en Dieu, à la propriété, à la famille, etc., mais c'est pour parvenir à lui
substituer un principe opposé, c'est dans
l'espérance d'établir sur les ruines du monde
entier que depuis soixante siècles le principe
de société supporte, un univers nouveau, contraire, sans modèle, et, comme dit le plus
étrange écrivain du parti, dont l'axe cesse
d'être celui qu'imposa Dieu dès l'origine à

la nature des choses. Eh bien ! quel est le genre de monde que les différentes sectes socialistes ont la prétention de créer? Est-ce un monde où subsiste encore à quelque degré, sous quelque forme, dans quelques-unes de ses applications que ce puisse être, le principe de société? C'est un monde dont le caractère essentiel est d'être absolument anti-social.

Quelques mots suffiront à faire comprendre, autant du moins que la chose est possible, la nature de cet étrange univers.

Ayant successivement brisé tous les principes qui servent de liens aux hommes entre eux, le principe religieux qui les rassemble en une croyance commune et par suite en des pratiques et cérémonies semblables, le principe de la famille, qui attache le père au fils, le frère à la sœur, les enfants de ceux-ci ensemble, etc., le principe de propriété, de la propriété, dis-je, individuelle, domestique et héréditaire, qui concentre, détient ou transmet une certaine portion de biens dans un nombre de mains déterminé, et unit ainsi dans le temps et à travers la mort elle-même les membres d'une même famille, il ne reste plus aux socialistes aucun moyen d'associer entre eux, à aucun titre quelconque, la poussière d'individus, pour ainsi parler, qui leur demeure entre les mains. Comment s'y prendre pour faire vivre ces individus ensemble? Quel univers fonder où ils s'entr'aident ou du moins se supportent les uns les autres, maintenant qu'il ne reste plus aucun des grands principes de la confraternité sociale, maintenant, que de la religion à la charité, tous ces principes sont éteints ou proscrits?

L'embarras est extrême : il n'y avait qu'un moyen d'en sortir.

En dehors de l'état de société, un seul état est concevable encore : l'ÉTAT SAUVAGE.

L'unique refuge des socialistes était là. A moins d'une inconséquence énorme, toutes les conditions de l'état de société étant détruites, c'est vers la barbarie seule qu'ils pouvaient se tourner. C'est ce que d'un commun accord ils ont fait, et le dernier mot de leur système, dernier mot, comme j'en ai déjà averti du reste, absolument conséquent à leurs principes, c'est la reconstitution sur les débris de la civilisation détruite, de l'état de barbarie des peuples enfants.

Seulement, et ici je prie qu'on fasse quelque attention, comme il est deux formes à la barbarie, l'étrange secte s'est divisée en deux camps, dont l'un tient pour la première de ces formes et l'autre pour la seconde. La première est le *Communisme*, la seconde l'*État errant*.

Voici l'explication et de l'une et de l'autre.

VI.

Il est des esprits dans le Socialisme qui se sont préoccupés davantage, les uns de créer un monde où tous les hommes travaillent en commun à la satisfaction de leurs besoins, les autres d'en fonder un, au contraire, où l'individu fût laissé absolument maître de chercher sa vie et de la trouver comme et où il pourrait. Les premiers sont partisans du Communisme, ce sont les plus nombreux; les seconds tendent à l'État errant; ils n'ont pas le nombre pour eux, mais on verra tout à l'heure qu'ils sont plus conséquents que les autres.

Parlons premièrement du Communisme.

C'est celle des deux formes de l'état sauvage dont il est le plus aisé de se faire une idée : la constitution d'un tel état, en effet, est des plus simples.

La Commune sociale de février 1849 le définit fort bien en ces termes :

« La mise en commun de toutes les propriétés immobilières et mobilières, *qui appartiendraient à tous; la réunion en une seule propriété nationale de toutes les propriétés particulières quelconques;* le droit exclusivement réservé à l'État *de diriger la production et la consommation.* »

Les partisans *de l'Organisation du travail*, et par suite, car ce n'en est qu'une rigoureuse conséquence, de la création d'*Ateliers nationaux, les Icariens, les Phalanstériens* conséquents et qui savent ce qu'ils veulent, sont communistes. Le Communisme réunit ainsi, comme nous le disions tout à l'heure, la partie la plus nombreuse de la secte socialiste.

On voit d'abord, les paroles de *la Commune sociale* sont à cet égard assez explicites, sur quoi repose l'organisation de cette sorte d'état sauvage, c'est sur *la suppression de toute propriété* individuelle. Dans le Communisme, sous quelque forme d'ailleurs qu'il se produise, Atelier national, Icarie, Phalanstère, l'individu n'acquiert ni ne possède rien : il acquiert au profit du fonds commun, lequel est géré par un conseil d'administration quelconque qui prend le nom de Gouvernement, d'État, etc.; voilà le premier principe et le nerf de tout le système.

Mais à ce premier principe, vient s'en joindre aussitôt un autre qui en est l'inévitable conséquence, c'est le principe de l'*esclavage. La Commune sociale* le donne déjà à entendre assez clairement quand elle parle du *droit* EXCLUSIVEMENT *réservé à l'État de diriger la production et la consommation;* mais il suffit d'y réfléchir un moment pour voir qu'il n'y a pas en effet de Communisme possible sans l'établissement de la plus stricte tyrannie. En effet, une fois la propriété enlevée à l'individu pour être transférée à l'État, la famille que cette propriété domestique ralliait et sustentait, se trouve naturellement dissoute, et chacun de ses membres cesse aussitôt de s'appartenir à lui-même, pour appartenir en tout bien à la communauté qui devient du même coup propriétaire des personnes et des choses. Un partisan très-éloquent et très-conséquent de l'état sauvage, Jean-Jacques Rousseau, qui n'est pas suspect ici, disait très-bien à cet égard, dès le milieu du dernier siècle : *la première classe du pacte social est l'*ALIÉNATION TOTALE DE CHAQUE ASSOCIÉ AVEC TOUS SES DROITS *à toute la communauté, et ce pacte lui-même est un contrat par lequel chacun de nous met en commun sa personne et* TOUTE SA PUISSANCE *sous la direction de la volonté générale.* Voilà le Communisme.

Cependant, sans biens, sans famille, sans liberté, quel bonheur est encore permis à l'homme ? Ne sera-t-il pas la plus malheureuse des créatures qui existent sur la terre ? Cela assurément ne peut faire de doute pour personne.

Le Communisme, première forme de l'état de barbarie, que la plus grande partie de la secte socialiste travaille à substituer peu à peu en France à l'état de société et de civilisation, est donc, en trois mots, une constitution d'état antisociale, fondée sur la suppression de la propriété individuelle, de la famille et de la liberté, c'est-à-dire des sources les plus pures du bonheur en ce monde. Voilà l'une des deux grandes conclusions du Socialisme.

Il ne faudrait pas croire, encore une fois, que nous menons à plaisir cette doctrine à des excès auxquels elle répugne, et où, en passant du domaine des rêves dans celui de la réalité, elle se garderait d'aboutir. L'histoire confirme ici par d'éclatants exemples la nécessité des conclusions où le raisonnement nous mène.

Il y a eu deux grandes nations complétement soumises pendant des siècles au régime communiste : ce sont l'Égypte et l'Inde. Quelle était, durant cette longue période, la condition des peuples et de l'une et de l'autre? Ils étaient les plus esclaves et les plus malheureux de la terre.

Misère et servitude, telle fut la vie de l'Égypte tant que le Communisme pesa sur elle. Des peuples entiers, changés en bêtes de somme, construisirent alors sur les rivages les plus fertiles du globe, pour servir de tombeaux aux despotes sans entrailles qui leur avaient ravi jusqu'aux joies de la famille, de grands monuments inutiles, les Pyramides, témoignage éternel de l'abrutissement et de l'opprobre où le Communisme les avait plongés. L'Inde eut longtemps le même sort. Qu'en est-il advenu? Enfermés quarante siècles dans le code communiste de leur premier législateur, les malheureux Indiens s'y sont comme immobilisés, les sources de leur civilisation se sont taries, et leurs monotones annales ne nous entretiennent aujourd'hui que de leur esclavage et de leur douleur. Que voulez-vous, et comment pourrait-il en être autrement? Si nos bestiaux écrivaient leur histoire, qu'y pourrions-nous lire, sinon le lamentable et uniforme récit de leurs fatigues et de leurs souffrances? Quand des hommes sont réduits à l'état des brutes, quand tout leur est enlevé et leur manque à la fois, propriété, famille, liberté, religion, leurs annales ne courent-elles pas grand risque d'aller se confondre avec celles des stupides créatures dont ils ont, leur vie durant, de tout point partagé le sort?

Ainsi, les faits confirment impitoyablement les principes. La partie de la secte socialiste qui, dans le délire de haine dont elle poursuit l'état social, se jette dans cette forme de l'état de barbarie qu'on appelle le Communisme, se jette ainsi, et entreprend de jeter la nation avec elle dans le plus misérable et le plus honteux état où l'humanité puisse être réduite, l'état d'esclavage.

VII.

Venons maintenant à cette autre classe de socialistes qui se jette dans la barbarie à l'état errant.

Nous avons déjà dit de cette seconde division de la secte qu'elle est la moins nombreuse, mais qu'elle est la plus conséquente. Elle est la moins nombreuse, car elle ne comprend que le seul M. Proudhon et ses disciples; mais elle est la plus conséquente, car elle rattache infiniment mieux que l'autre les conclusions du système à ses origines.

Quand on a déclaré la guerre au principe même de société, qu'on s'est proposé pour but de ruiner et d'éteindre toutes les croyances qui rapprochent les hommes, il n'y a de parti conséquent à prendre qu'à les pousser à l'état sauvage et à la forme la plus naturelle de l'état sauvage, qui est l'état errant. Dans le Communisme assurément, il n'y a pas ombre d'application d'aucuns principes sociaux : il n'y a ni gouvernement proprement dit, ni citoyens, il n'y a qu'un maître et des esclaves; partant, il n'y a pas non plus de société digne de ce nom, il n'y a qu'une agglomération de créatures à face humaine. Cependant, on peut voir là encore quelque chose d'inconséquent au principe de *désocialisa-*

tion, qui est l'âme du Socialisme. Le Socialisme est fait pour éloigner les hommes les uns des autres, pour rompre tous les liens qui les attachent; la cohésion violente du Communisme va contre la rigueur de ce principe : l'état errant des individus sur la surface du globe, cherchant et trouvant chacun sa nourriture où et comme ils le peuvent, communiquant le moins possible avec leurs semblables, ne connaissant, ni Dieu, ni société, ni patrie, ni parents, ni enfants, occupés tout entiers à satisfaire leurs appétits présents et n'entrant en relation avec d'autres hommes, que si par hasard cette relation est nécessaire pour la satisfaction de ces appétits, vivant du reste dans l'abrutissement absolu de l'animal sauvage, cet état est le plus rigoureusement conforme aux principes de la secte socialiste.

C'est ce qu'a vu M. Proudhon; aussi, pousse-t-il tant qu'il peut la France à revenir à l'état sauvage errant. Tout dans son système, depuis la première ligne de la *Démonstration du Socialisme* jusqu'à la dernière du *Prospectus* et des *Statuts de la banque du peuple,* conspire vers ce but.

M. Proudhon se propose, tous les principes sociaux une fois détruits, d'utiliser néanmoins ce que l'individu qui lui reste seul entre les mains conserve encore d'humanité. Il n'en conserve guère; car, énumérez tout ce que M. Proudhon a enlevé à la pauvre créature.

Elle ne croit plus en Dieu; elle ne travaille plus pour acquérir, ni pour elle-même, ni pour aucune de ses semblables; elle ne travaille que pour arriver à satisfaire, au moment où il naît, l'un quelconque de ses appétits personnels; elle n'a d'autre mission sur la terre que de produire ce qu'elle a besoin de consommer. Quelle différence y a-t-il entre une créature pareille et une bête? S'il y en a une, elle n'est pas bien grande. Toute celle qu'on y peut voir, c'est que chez l'homme, réduit même à cet état, il survivrait encore une lueur d'esprit qui ferait l'office d'un instinct très-développé, tandis que chez la bête toute pure, l'instinct est toujours plus grossier.

Quoi qu'il en soit, voilà donc l'homme de M. Proudhon; c'est un être qui produit ce qu'il consomme, mais rien de plus; qui d'ailleurs n'acquiert, ne détient ni ne transmet aucune chose; qui ne s'occupe religieusement que de lui, ne connaît que ses besoins et ne se préoccupe que de la nécessité d'y pourvoir, indifférent, du reste, à toute idée religieuse, morale ou nationale, à tout souci intellectuel de quelque genre qu'il puisse être, ignorant jusqu'aux noms mêmes de science, d'art et d'industrie, imitant autant que possible l'existence de la bête, se concentrant en lui-même et s'y bornant, vivant seul, dans la plénitude et le contentement sensuel d'un égoïsme, qui absorbe, écrase et éteint tout en lui et hors de lui.

A un pareil homme, si une créature semblable peut garder le nom d'homme, quel genre d'organisation sociale au monde pourrait paraître supportable? Aucun. L'état sauvage seul lui est ouvert, et l'état sauvage, sous sa forme la plus indépendante et la plus relâchée, la forme errante. Cette sorte d'animal vivrait difficilement même en troupe. La vie nomade et solitaire lui convient seule. L'exception pour lui est d'entrer en rapport avec quelques-uns de ses semblables ou de se fixer en quelque lieu ; la règle est d'errer et de chercher le désert.

M. Proudhon, ainsi que je le disais tout à l'heure, l'a très-bien vu ; aussi dans la guerre à outrance qu'il fait à toute société et à toute civilisation, sa tactique invariable est-elle de ramener violemment ses contemporains, autant qu'il le peut, du moins, aux habitudes les plus fondamentales de l'état errant.

Cette tactique s'est déclarée surtout dans l'institution qu'il a essayée d'une *banque* dite *d'échange.*

On sait que l'échange est, par excellence, la manière de négocier des sauvages. Tandis que les nations policées ont des monnaies pour représenter la valeur de toutes les marchandises, et du papier pour représenter la valeur des monnaies, les sauvages ne connaissent que le troc, proprement dit, sous sa forme la plus grossière. Ils donnent ce qu'ils possèdent contre ce qu'ils ont besoin d'acquérir, le produit de leur chasse pour de l'eau-de-vie, un arc pour des chaussures, etc. Ils n'ont pas même l'idée jusqu'à laquelle s'élèvent quelques peuplades à demi civilisées, de convenir d'un objet déterminé qui leur serve de mesure commune, comme le sel, la laine, des bestiaux, etc.; ils échangent indifféremment toute chose contre toute chose. C'est là l'idéal de M. Proudhon. L'établissement de sa *banque d'échange* ou *du peuple* n'a eu d'autre objet que de faire tomber toutes les institutions de crédit qui reposent sur le principe de la représentation des objets par l'argent ou le papier et d'y substituer le troc pur et simple, sous sa forme la plus élémentaire. Entreprise recommandable au moins par la logique qui y accorde le but et les moyens. Voulant ruiner la société, et sur ses ruines établir la barbarie, M. Proudhon ne pouvait rien oser de plus décisif que l'abolition de l'usage de la monnaie. La monnaie, en effet, ou le papier qui la représente, étant l'instrument le plus actif du commerce, la supprimer est porter au commerce un coup presque mortel; le commerce éteint ou à peu près, les relations des hommes entre eux deviennent de plus en plus rares, ils s'isolent, ils se fuient les uns les autres, ils tombent dans la vie sauvage, et bientôt dans l'état errant. Par hasard quand ils se rencontrent, ils échangent ce que des deux parts ils possèdent, un bâton pour un fruit, une peau de bête pour du feu, etc., mais cela fait, ils se quittent, et cette société d'un instant meurt aussitôt que née.

Tel est le second des deux états où le Socialisme aspire. Dans le premier, dans le Communisme, il aboutissait à l'esclavage ; dans celui-ci à la barbarie, et à la barbarie la plus profonde et la plus incurable, à une barbarie de système et constitutionnelle, si l'on peut ainsi dire, qui devient le droit public de toute créature humaine, barbarie dont il ne faut pas songer à sortir, où il ne faut songer au contraire qu'à s'enfoncer et à se perdre. Dans cette extrémité d'opprobre et de misère, l'humanité n'est plus qu'une variété de ces stupides populations du globe dont le zoophyte et le singe occupent aujourd'hui les deux extrêmes.

VIII.

Nous voilà au terme. J'ai tenu, je crois, la promesse inscrite au front de ce discours : le Socialisme est dévoilé. Tout homme de bon sens peut lire ces quelques pages, je

m'adresse à tous les hommes de cœur et de
bonne foi pour les juger. Je n'ai pas prétendu
guérir l'envie ni éclairer la haine : l'envie
est incurable et la haine est aveugle ; mais
j'ai pensé que je ferais quelque chose d'utile
à mon pays et à mon temps, si je donnais,
pour l'usage de toutes les personnes bien
intentionnées qu'auraient pu séduire les men-
songères apparences du Socialisme, un écrit
clair et court, capable de le leur faire appré-
cier. Elles le connaissent à présent aussi bien
que ses plus réputés docteurs. Qu'elles
se recueillent quelques instants et qu'elles
décident ensuite entre les criminelles folies
que cette secte a érigées en système et
toutes les croyances de l'humanité. La question est bien simple : elle est posée entre la
société et la barbarie, entre la liberté et l'esclavage, entre les divines institutions de la
religion, de la famille, de la propriété, de
l'égalité, du travail, de la fraternité, et leur
renversement. Vous avez les pièces du procès
sous les yeux, jugez-le.

Un mot encore, ce sera le dernier.

Est-il bien possible, dites-moi, que nous
soyons descendus si bas que d'avoir à délibé-
rer sérieusement sur des questions pareilles,
qu'une nation aussi justement renommée
qu'est la nôtre, pour son bon sens, sa mora-
lité, ses lumières, en soit venue à discuter
si l'univers et l'homme ont un créateur ou

n'en ont pas, si l'institution de la famille est
une chose bonne ou mauvaise, si la propriété
individuelle et domestique est morale ou
immorale, etc. ? est-il bien possible que la société française tout entière ait passé plus d'une
année de son existence dans cette seule occu-
pation, qu'elle y ait sacrifié tout le reste, au
dedans, le soin de sa prospérité, au dehors,
le maintien de son influence et de son autorité?
Est-ce au sein de ce peuple dont les ancêtres
ont vaincu et éclairé l'Europe, qui, il y a quinze
mois encore, se vantait, justement, de marcher
à l'avant-garde de la civilisation, d'être
l'exemple, l'admiration et l'envie du reste du
monde, que des idées aussi absurdes et aussi
odieuses ont pu trouver crédit? Je ne sais :
pour moi, lorsque je me mets à y penser, il
me semble d'abord que je rêve et ne suis pas
dans mon bon sens.

Puis enfin, quand je ne me suis que trop
assuré, hélas! que je ne suis pas le jouet d'un
songe, je ne saurais vous dire ce que j'é-
prouve alors, et de douleur pour mon pays,
et de honte pour mon temps...

FIN.

www.ingramcontent.com/pod-product-compliance
Lightning Source LLC
Chambersburg PA
CBHW051340050726
47595CB00006B/2340